Till Eulenspiegel und seine Späße

Eine Geschichte von Annette Neubauer
mit Bildern von Achim Ahlgrimm

Lesestufe 3

CARLSEN

Auf den Spuren von Till Eulenspiegel

Gemeinsam mit ihren Eltern wandern Tom und Nele auf einem Feldweg. Kühe grasen auf der Wiese und Schmetterlinge tanzen in der Luft.

Plötzlich bleibt Nele stehen. Zwischen hohen Grashalmen taucht eine Brücke auf, die über einen Bach führt.

„Wer ist denn das?“, fragt Nele. Sie zeigt auf ein lachendes Gesicht, das kunstvoll in das eiserne Geländer eingearbeitet ist.

„Das ist Till Eulenspiegel“, erklärt die Mutter.
„Er wurde in dem Dorf dort drüben geboren und ist überall für seine Streiche bekannt.“
„Weshalb hat er einen so komischen Namen?“, fragt Tom.
„Die Eule ist ein sehr kluges Tier“, antwortet die Mutter. „Sie ist aber auch der Vogel der Nacht. Einige Streiche von Eulenspiegel waren nämlich ziemlich gemein.“
„Der zweite Teil seines Namens macht deutlich, dass er den Menschen einen Spiegel vorgehalten hat“, fährt der Vater fort. „Damit sie erkennen, wie sie in Wirklichkeit sind.“

Till Eulenspiegel wird drei Mal getauft

„Eulenspiegel hatte ein aufregendes Leben“, erzählt der Vater, während sie weitergehen. „Sein erstes Abenteuer erlebte er bereits kurz nach seiner Geburt. Der Narr wurde drei Mal getauft: Das erste Mal begoss ihn der Pfarrer in der Kirche mit Weihwasser. Nach der Taufe haben die Eltern die Geburt ihres Sohnes gefeiert. Dabei wurde laut gesungen und viel zu viel getrunken.

Am Abend konnten die Eltern nicht mehr gerade laufen und torkelten nach Hause. Als sie über eine Brücke gingen, fiel der kleine Till seiner Mutter aus den Armen. So landete er im Bach und war zum zweiten Mal im Wasser.

Zu Hause hat ihn seine Mutter ins Badewasser gesteckt und ordentlich geschrubbt."

„Also ist er an einem Tag drei Mal nass geworden!", stellt Tom fest. Nele schaut ihren Bruder an und die beiden lachen los.

Till Eulenspiegel wettet mit dem Bischof

„Was hat Eulenspiegel denn gemacht, als er erwachsen war?“, fragt Tom.

„Der Narr hat alle Leute verulkt, die ihm begegnet sind“, antwortet die Mutter.

„Er fürchtete nichts und niemanden. Eines Tages hat er sogar mit einem Bischof gewettet und gesagt:

‚Ich bringe eine Marktfrau dazu, dass sie ihre eigenen Töpfe zerschlägt.‘

‚Warum sollte sie das tun?‘, fragte der Bischof.

‚Weil ich es so will‘, antwortete Till seelenruhig.

Der Bischof glaubte nicht, dass ein Mensch grundlos sein Hab und Gut zerstören würde. Wenn doch, müsse schwarze Magie im Spiel sein.
Um herauszufinden, ob Eulenspiegel ein Lügner oder ein Zauberer war, wettete der Bischof mit ihm um 30 Münzen.
Eulenspiegel ging mit dem Bischof zum Markt.
Als die Marktfrau die beiden sah, nahm sie einen Stock und schlug auf ihre Töpfe ein.
'Wie hast du das gemacht?', fragte der Bischof und gab Eulenspiegel die vereinbarte Summe.
'Bist du etwa der Teufel?'

‚Mit dem Teufel habe ich nichts zu tun', antwortete Eulenspiegel, zwinkerte dem Bischof zu und steckte die Münzen ein. ‚Ich habe der Marktfrau heute Morgen alle Töpfe abgekauft. Dann habe ich ihr gesagt, sie soll sie zerschlagen, wenn sie mich mit dem Bischof sieht. Die Marktfrau hat also mein Hab und Gut zerstört und nicht ihres.' Der Bischof lachte und merkte sich den Streich.

Kurz darauf wettete der Bischof mit einigen Bauern um 30 Ochsen, dass auch er die Marktfrau dazu bringen könne, ihre Töpfe zu zerschlagen.
Die Bauern willigten ein.
Der Bischof jedoch machte nichts anderes als Till Eulenspiegel vor ihm:
Er kaufte der Marktfrau die Ware ab und sagte, sie solle sie zerschlagen, wenn er wiederkomme.
Die Marktfrau tat es und die Bauern mussten dem Bischof 30 Ochsen geben.
So gewann der Bischof mehr, als er zuvor verloren hatte."

Leserätsel

Welche Begriffe ergeben zusammen neue Wörter? Verbinde die Bilder und schreibe die Wörter auf.

E U L E N S P I E G E L

V _ _ _ _ _ _ _ S

K _ _ _ _ A _ _

B _ _ _ _ _ _ O _ _

S _ _ _ _ _ _ _ _ T _

Was ist schwarze Magie?

B Zankerei

U Zauberei

Ein Bischof arbeitet …

L für die Kirche.

P auf einem Bauernhof.

Der Bischof wettet mit Till Eulenspiegel um …

K 30 Münzen.

O 30 Ochsen.

Die Buchstaben neben den richtigen Antworten ergeben ein Lösungswort:

___ ___ ___

Till Eulenspiegel und die Katze im Sack

Die Familie erreicht den Geburtsort von Till Eulenspiegel. Im Dorfkern ist ein Denkmal für den Schelm errichtet.

„Kennt ihr die Redewendung ‚Die Katze im Sack kaufen‘?“, fragt der Vater.

„Das sagt man, wenn man etwas kauft und es nicht das ist, was man sich vorgestellt hat“, antwortet Tom prompt.

Der Vater nickt.

„Einmal hat Eulenspiegel eine Katze in ein Hasenfell genäht und das Tier zum Verkauf angeboten.
Ein Handwerker wollte es haben. Er hatte noch nie einen so fetten Hasen gesehen.
Als er das Tier jedoch laufenließ, kletterte es auf einen Baum und miaute.
Da wusste der Handwerker, dass er hereingelegt worden war.“

Till Eulenspiegel fliegt vom Rathaus

„Eulenspiegel hatte wirklich närrische Einfälle“, meint Nele.

„Die Leute fielen immer wieder auf ihn herein“, sagt der Vater. „Die echten Narren waren die, die ihm alles geglaubt haben.“

„Kennt ihr noch andere Geschichten?“, fragt Nele.

„Wenn ihr wollt, erzähle ich euch meinen Lieblingsstreich“, antwortet die Mutter.

Sie setzt sich auf eine Bank.

„Klar!“, rufen Tom und Nele.
Gemeinsam mit ihrem Vater setzen sie sich zur Mutter.
„Einmal verkündete Eulenspiegel, er könne fliegen.
Er kletterte aufs Rathaus und wedelte wild mit den Armen“, erzählt die Mutter.

„Schnell versammelten sich viele Zuschauer auf dem Platz.
Sie gafften Eulenspiegel an und fragten sich, ob er wirklich vom Dach springen würde.
‚Was seid ihr doch für Dummköpfe!‘, rief der Schelm schließlich.

‚Nicht einmal ich würde glauben, dass ein Mensch fliegen kann. Habe ich etwa Federn? Ihr seid die größten Narren, die jemals gelebt haben.‘
Einige Menschen fluchten und schimpften. Andere dagegen lachten, als sie merkten, dass Eulenspiegel sie wieder auf den Arm genommen hatte.“

Till Eulenspiegel beschlägt sein Pferd

„Mir fällt auch noch eine Geschichte ein“, sagt der Vater. „Einmal traf Eulenspiegel den König von Dänemark.
Der König mochte Till und versprach ihm, er könne sein Pferd mit den besten Hufnägeln beschlagen lassen.
‚Die Kosten übernehme ich‘, sagte der König.
‚Ich verlasse mich auf dich‘, entgegnete Eulenspiegel. Und so ließ er sein Pferd mit goldenen Hufnägeln beschlagen.

Als der König das erfuhr, wurde er zornig.
‚Wie konntest du nur das Pferd mit Gold beschlagen lassen!‘, fuhr er Till an.
‚Ich sollte doch die besten Hufnägel nehmen‘, antwortete Eulenspiegel.
Da lachte der König und rief:
‚Du bist ein echter Narr!‘“
Auch Nele lacht und sagt:
„Diesem Eulenspiegel wäre ich gern begegnet! Ob wir auch auf seine Streiche hereingefallen wären?“
Tom blickt zu der Steinfigur.
Und plötzlich glaubt er, Eulenspiegel zwinkere ihm zu…

Leserätsel

„Die Katze im Sack kaufen“ heißt ...

N etwas kaufen, ohne es vorher zu prüfen.

M eine Katze kaufen, die in einer Tüte steckt.

„Jemanden auf den Arm nehmen“ heißt ...

U jemanden hochheben.

A jemanden necken.

„Sein Wort geben“ heißt ...

R jemandem etwas versprechen.

W jemandem ein Gedicht schreiben.

„An der Nase herumführen“ heißt ...

G jemanden an der Nase ziehen.

R jemandem einen Streich spielen.

Was gehört zu Till Eulenspiegel?

Die Buchstaben neben den richtigen Antworten ergeben ein Lösungswort:

_ _ _ _ _ _ _ _ _ _

Infoseite
Till Eulenspiegel

Die Streiche von Till Eulenspiegel wurden vor über 500 Jahren wahrscheinlich von Hermann Bote aufgeschrieben. Sein Buch enthält 96 Geschichten. Ob Eulenspiegel wirklich lebte oder ob der Schriftsteller ihn erfand, weiß keiner genau. Viele Forscher glauben jedoch, dass es ihn gab. Er soll vor etwa 700 Jahren in Kneitlingen, einem Dorf in der Nähe von Braunschweig, geboren worden sein.

Eulenspiegel-Brunnen in Braunschweig

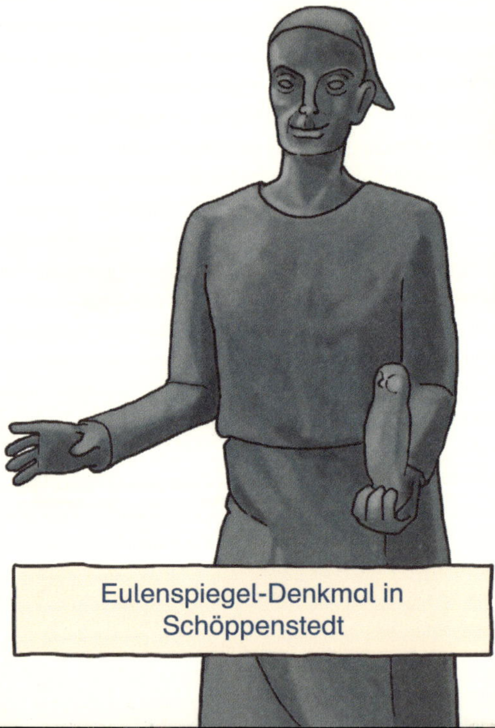

Eulenspiegel-Denkmal in Schöppenstedt